O SOM DOS
ACORDES

Lulu Martin

O SOM DOS ACORDES

Exercícios de acordes
para piano de jazz

GRYPHUS

© Lulu Martin

Editoração musical Sibelius versão 6.0
Ricardo Simões (rsimoes2011@gmail.com)

Revisão musical
Lulu Martin e Ricardo Simões

Capa
Axel Sande

Editoração Eletrônica
Rejane Megale

Revisão ortográfica
Vera Villar

Fotografia do autor
Milene Fernandes

Adequado ao novo acordo ortográfico da língua portuguesa

CIP-BRASIL. CATALOGAÇÃO-NA-FONTE
SINDICATO NACIONAL DOS EDITORES DE LIVROS, RJ
....

M334s

Martin, Lulu
    O som dos acordes: exercícios de acordes para piano de jazz /
Lulu Martin. - 1. ed. Rio de Janeiro: Gryphus, 2014.
    68p.; 28cm

    ISBN 978-85-8311-011-8

    1. Música popular - Brasil. 2. Piano. 3. Jazz. I. Título.

14-09364   CDD: 786.2
                                 CDU: 780.616.432

....

Direitos para a língua portuguesa reservados, com exclusividade no Brasil para a:
GRYPHUS EDITORA
Rua Major Rubens Vaz, 456 – Gávea – 22470-070
Rio de Janeiro, RJ – Tel (0xx21) 2533-2508
www.gryphus.com.br – gryphus@gryphus.com.br

Dedico este livro a Bruno Thys,
um grande apreciador do piano.

AGRADECIMENTOS

Este livro é um trabalho de grupo, mesmo que a participação tenha sido indireta. Este trabalho é resultado do que aprendi ao longo da vida com meus professores, Jeff Covell e Dean Earl, meus amigos pianistas Rique Pantoja e Serge Scollo. Meu primeiro parceiro nele foi o tecladista Ralph Canetti. O saxofonista Afonso Claudio me aconselhou sobre quem tinha inventado o quê no mundo dos acordes e inversões. O guitarrista Nando Chagas me ensinou a escala de Bebop. A minha ideia de trabalho em grupo, eu herdei do guitarrista Claudio Guimarães, que sempre foi uma influência no meu trabalho de pianista com seu conceitual musical. Meu parceiro final foi o violonista e compositor Ricardo Simões, que refez o livro, usando o programa de editoração com o qual trabalha, e que deu a ideia de usar essa fonte que imita a do Real Book, nosso livro musical mais significativo. Este trabalho só foi possível com a participação da Gisela Zincone, que o publicou.

SUMÁRIO

INTRODUÇÃO 11

A HARMONIA 15

OS NOMES DOS ACORDES 17

TABELA DAS ESCALAS USADAS EM IMPROVISAÇÃO 19

TABELA DAS NOTAS A SEREM EVITADAS 23

EXERCÍCIOS DE ACORDES 25

BIBLIOGRAFIA 69

LIVROS DE APOIO 70

INTRODUÇÃO

Musicalmente podemos nos organizar de três formas diferentes: melódica, rítmica e harmonicamente. Dos três elementos fundamentais da música, o estudo da harmonia é o conhecimento que mais apresenta regras de composição. Apesar de uma melodia com ritmo já ser caracterizada como música, me identifico mais com a harmonia. Acredito que através dela posso ampliar minhas possibilidades de desenvolvimento e enriquecimento musical. Sinto a música por meio dos sons misturados, principalmente através dos acordes dissonantes, de modo que é através da harmonia que me organizo no piano e na composição musical.

Este método de exercícios de acordes é resultado de uma vida inteira de prática musical. Foi feito com a intenção de organizar e facilitar o estudo das diferentes tonalidades musicais e para compreender melhor as relações entre escalas e acordes. Um músico que não compreende, que não tem estudos em harmonia, perde uma parte fundamental que o conhecimento da música oferece.

O piano é o principal instrumento musical para estudar acordes e inversões, com suas regras de construções e relações. O piano facilita a visualização dos acordes, e por isso ele deve ser o segundo instrumento de qualquer músico do mundo. É o instrumento ideal para estudar as diferentes formações de acordes (e suas inversões) com todas as variações de qualidade de som que as tonalidades oferecem. Essa busca musical pelos sons dos acordes é uma experiência muito ampla, tanto quanto as possibilidades da boa música são inesgotáveis.

Este livro trata de como extrair os acordes das escalas e fazer suas inversões. Uma vez obtidos esses acordes, devemos procurar saber para quais acordes fundamentais eles servem, isto é, para quais acordes eles funcionam como variações.

A maneira de se obterem os acordes das escalas é andar com um acorde já formado através das notas da escala. Diatônico signica através dos tons da escala. Acordes diatônicos são os acordes naturais da escala.

A primeira parte do livro trabalha com os acordes naturais de quatro sons da escala maior, nas posições fundamentais e suas inversões. Existe uma técnica jazzística de montagem de acordes para arranjos musicais chamada "DROP". Um acorde é escrito e lido numa partitura musical na forma vertical. Assim, olhando o acorde da nota mais aguda para a mais grave, transportamos a segunda nota do acorde uma oitava abaixo. A inversão ficaria como se estivesse com a quinta do acorde no baixo. Essa posição chama-se "DROP 2". Faz-se o mesmo com o DROP 3, e depois com o DROP 2+4. Depois de estudadas essas posições e suas inversões, aplicam-se essas posições "DROPS", nos acordes naturais da escala maior, tanto na posição fundamental como nas suas três inversões. Esta parte inicial do livro é um estudo de distribuição das notas dos acordes naturais (de 4 notas) em todas as suas possibilidades sonoras, sem usar notas repetidas no acorde. Além dos DROPS, o livro tem outras técnicas de construção de acordes que também servem para arranjos musicais.

O trabalho do aluno ao usar este livro é transpor os exercícios de acordes para todos os outros tons musicais. Aos poucos, conhecendo os acordes nas outras tonalidades, o gosto musical tenderá a memorizar alguns com mais facilidade do que outros e, assim, um gosto e um estilo musical se firmarão, ampliando o repertório de possibilidades de tocar acordes no piano ou fazer arranjos de música.

Existem duas maneiras de se estudar em todos os tons. Segue-se o ciclo das quintas e quartas ou estuda-se de forma cromática. É mais fácil estudar as tonalidades musicais usando o ciclo de quintas e quartas porque as dificuldades são progressivas.

A HARMONIA

A harmonia é entendida por Tomás Borba e Fernando Lopes Graça como:

Arte e doutrina da formação e encadeamento dos acordes segundo as leis da tonalidade. É interessante e curiosa a evolução semântica deste vocábulo, que, tendo etimologicamente o significado muito vago e impreciso de proporção, ajustamento, arranjo, tem hoje, no sentido restrito em que musicalmente o aplicamos, o de ciência dos acordes (harmonia em repouso) e seu encadeamento (harmonia em movimento). Os gregos já designavam por harmonia a sucessão lógica dos sons musicais: sistemas, escalas, modos, ou diapasões.

Arnold Schoenberg ensina em seu livro "Strutural functions of Harmony" que:

Harmonia ensina primeiro a constituição dos acordes, ou seja, quais tons e quantos deles podem soar simultaneamente com o intento de produzir consonâncias e as tradicionais dissonâncias: tríades, acordes de sétimas, acordes de nonas etc. e suas inversões. Segundo: a maneira na qual acordes deveriam ser usados em sucessão: para acompanhar melodias e temas; para controlar a relação entre a voz principal e as subordinadas; estabelecer a tonalidade no começo e no final (cadência); ou, de outra maneira, abandonar uma tonalidade (modulação e remodulação).

A escritora Fernanda Negreiros, em seu livro, escreve sobre a harmonia:

A composição de qualquer música esteve ligada – e ainda permanece em grande parte sujeita a determinados princípios, entre eles o da tonalidade. Trata-se de um conjunto de regras que levam em conta a relação de hierarquia que se estabelece entre as diferentes notas da escala, em função da posição que cada uma delas ocupa dentro desta mesma escala. Quando estas regras não são observadas na composição, a música soa estranha aos nossos ouvidos, habituados à música dita "tonal".

O canto gregoriano, neste aspecto, obedecia a regras que foram oriundas da antiga Grécia e que constituíam os "modos". Por isso diz-se que o canto gregoriano era música "modal". Havia diversos modos, e o modo de cada música era determinado em função do caráter do texto a ser cantado. Progressivamente, foi-se passando dos modos para outra forma de organização das notas, que deu origem às regras da tonalidade. Foi no período barroco que estas se fixaram definitivamente, e a partir de então a música passou a ser tonal.

Através da tonalidade, a música adquire certo caráter, certa coloração. É também por força da tonalidade que certas passagens da música causam desconforto e tensão, enquanto outras produzem a sensação de repouso; umas são consideradas dissonantes e outras consonantes.

OS NOMES DOS ACORDES

- acordes naturais da escala maior em suas posições fundamentais e inversões

- acordes construídos com intervalos de quartas derivados das escalas maiores

- acordes usando a técnica dos drops

- acordes fechados ou abertos

- acordes em bloco, com a melodia dobrada

- acordes usando intervalos de quartas, com tríades maiores e menores

- acordes da escala pentatônica maior, harmonizados com intervalos de quartas

- acordes da escala pentatônica maior, harmonizados com intervalos de quintas

- acordes derivados das escalas pentatônicas modais, harmonizados com intervalos de quartas

TABELA DE ESCALAS USADAS EM IMPROVISAÇÃO

Escala maior

- Modos da escala maior

Escala menor

- Menor harmônica

- Menor melódica (tradicional)

- Menor melódica de jazz

Diminuta

- Simétrica

- Dominante diminuta

Pentatônica

- Maior

- Variações modais

Modos da escala maior

- Jônio = tônica

- Dórico = supertônica

- Frígio = mediante

- Lídio = subdominante

- Mixolídio = dominante

- Eólio = subdominante

- Lócrio = sensível

Modos da escala menor melódica de jazz

- Menor melódica de jazz

- Dórico (com a nona menor)

- Lídio (com a quinta aumentada)

- Lídio (com a sétima)

- Mixolídio (com a décima terceira menor)

- Lócrio (com a nona natural)

- Alterada

Modos de escala menor harmônica

- Menor harmônica

- Frígio (com a terça maior) – começa no quinto grau da escala; é usada em acordes dominantes com a nona menor

Escalas diminutas

- Tradicional (1, 2, b3, 4, b5, #5, 6, 7)

- Dominante diminuta (1, b2, #2, 3, #4, 5, 6, b7)

Escalas dominantes em ordem de aprendizagem

- Mixolídio

- Lídio b7

- Frígio (add 3)

- Alterada

- Mixolídio b13

- Dominante diminuta

- Tons inteiros

Tabela de escalas (modos) usadas em improvisação nos acordes

Acordes D-7 G7

- Dórico – mixolídio

- Eólio – mixolídio

- Frígio – mixo b13

Acordes D-7(b5) G7

- Lócrio - frígio (add 3)

- Lócrio (nona natural) - dominante diminuta

Uso de escalas dominantes nos graus

- A escala lídio b7 é usada nos acordes dominantes nos graus bII, II, bIII, IV, bV, bVI, bVII

- A escala frígio (bequadro 3) é usada nos acordes dominantes nos graus I, III, V,VI, VII

- A escala mixolídio b13 é usada no acorde dominante no grau VI

- A escala alterada é usada nos acordes dominantes nos graus I, III, V,VI, VII

- A escala dominante diminuta é usada nos acordes dominantes nos graus bII, II, bIII, IV, bV, bVI, bVII

- A escala de tons inteiros é usada em qualquer grau

Uso das escalas pentatônicas

C Maj7 - escalas pentatônicas maiores de C, G, D

C-7 - escalas pentatônicas maiores de Eb, Bb, F

C7 - escalas pentatônicas maiores de C, F#

C-7 (b5) - escala pentatônica maior de Ab

Tabela das notas a serem evitadas

Existem notas que interferem na boa sonoridade dos acordes, estas notas são chamadas "notas evitadas". Abaixo estão relacionados os modos na tonalidade de Dó maior com as notas evitadas entre parênteses.

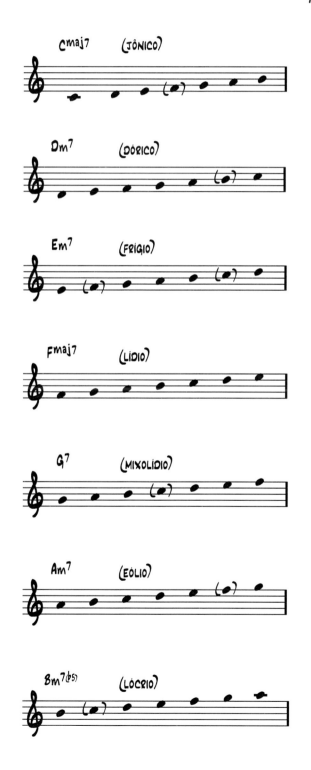

OS EXERCÍCIOS

Exercício 01 – Acordes diatônicos da escala maior – posição fundamental e inversões

Exercício 02 – Posições drops

Exercício 03 – Drops e inversões

Exercício 04 – Drops 2, 3, 2+4 – aplicados na posição fundamental

Exercício 05 – Drops 2, 3, 2+4 – aplicados na primeira inversão

Exercício 06 – Drops 2, 3, 2+4 – aplicados na segunda inversão

Exercício 07 – Drops 2, 3, 2+4 – aplicados na terceira inversão

Exercício 08 – Drops e inversões – uso prático

Exercício 09 – Acordes de quartas da escala maior

Exercício 10 – Cadências II–7, V7, Imaj7 – acordes com 4 notas

Exercício 11 – Cadências II–7, V7, Imaj7 – acordes com 5 notas

Exercício 12 – Acorde menor – posição aberta e fechada

Exercício 13 – Acordes dominantes – ex. 1

Exercício 14 – Acordes dominantes – ex. 2

Exercício 15 - Acordes dominantes - ex. 3

Exercício 16 - Acordes II-7, V7 ex. 1

Exercício 17 - Acordes II-7, V7 ex. 2

Exercício 18 - Acordes II-7, V7 ex. 3

Exercício 19 - Acordes II-7, V7 ex. 4

Exercício 20 - Acordes II-7, V7 ex. 5

Exercício 21 - Acordes II-7, V7 ex. 6

Exercício 22 - Acordes II-7, V7, Imaj7

Exercício 23 - Acordes multifuncionais

Exercício 24 - Acordes dominantes

Exercício 25 - Acordes livres - da escala alterada

Exercício 26 - Acordes - da escala dominante diminuta

Exercício 27 - Dominante diminuta - acordes complexos

Exercício 28 - Acordes alternados - escalas alterada, dominante diminuta

Exercício 29 - Acordes dominantes com estrutura de tríades - escala dominante diminuta

Exercício 30 - Acordes da pentatônica - harmonizados em quartas

Exercício 31 - Alternando acordes de diferentes escalas pentatônicas

Exercício 32 - Acordes da pentatônica maior - harmonizados com intervalos de quintas

Exercício 33 – Acordes com estruturas de quintas – maior, menor

Exercício 34 – Escala menor melódica de jazz – acordes das pentatônicas modais

Exercício 35 – Acordes alternados – alternando as escalas alterada e dominante diminuta

Exercício 36 – Acordes alternados – harmonizando a escala

Exercício 37 – Acordes – extras

Exercício 38 – Acordes livres – sem classificação harmônica

Posições drops

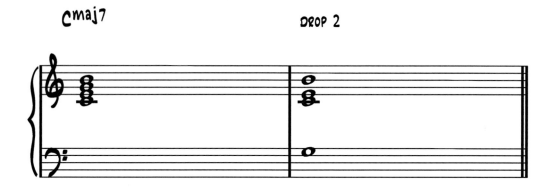

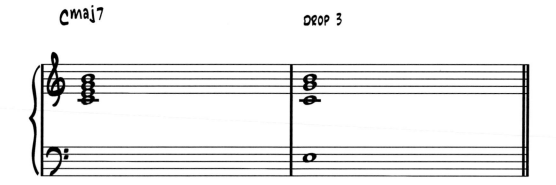

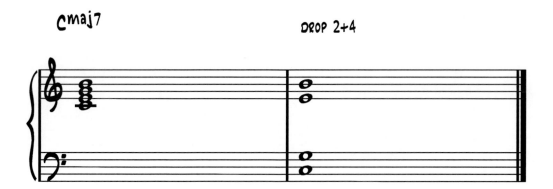

Drops e inversões

Cmaj7

DROP 2

EX. 1

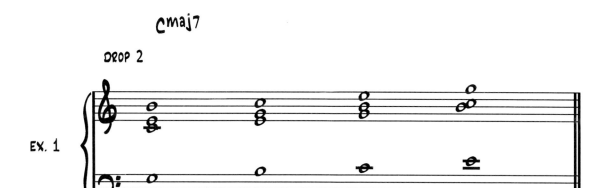

DROP 3

EX. 2

DROP 2+4

EX. 3

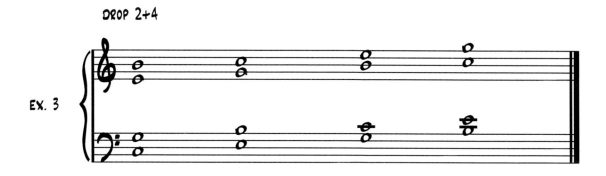

Drop 2, Drop 3, Drop 2+4
Aplicados na posição fundamental

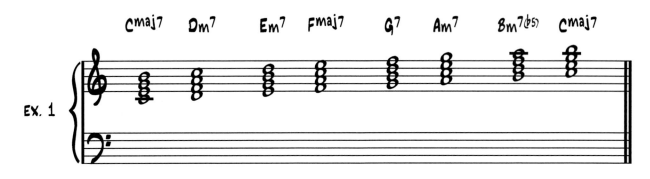

Ex. 1 — Cmaj7, Dm7, Em7, Fmaj7, G7, Am7, Bm7(b5), Cmaj7

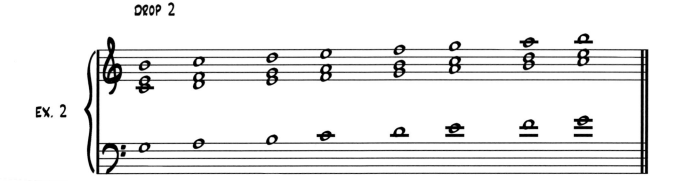

Ex. 2 — Drop 2

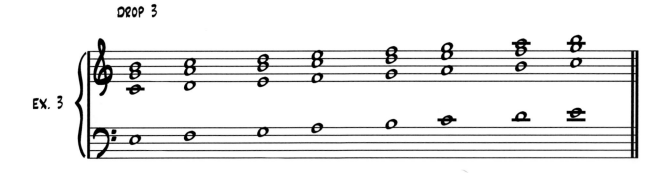

Ex. 3 — Drop 3

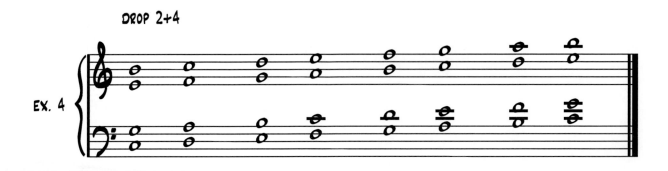

Ex. 4 — Drop 2+4

Drop 2, Drop 3, Drop 2+4
Aplicados na primeira inversão

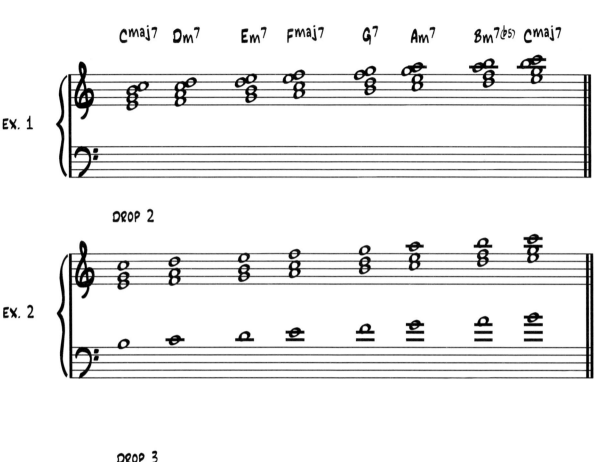

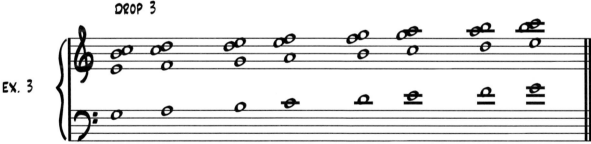

Drop 2, Drop 3, Drop 2+4
Aplicados na segunda inversão

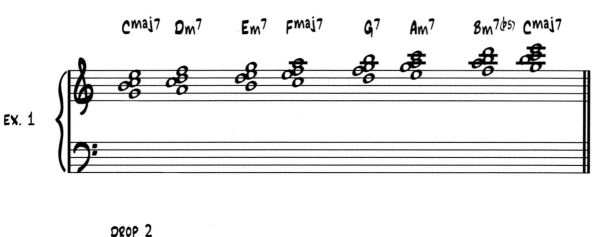

EX. 1

DROP 2

EX. 2

DROP 3

EX. 3

DROP 2+4

EX. 4

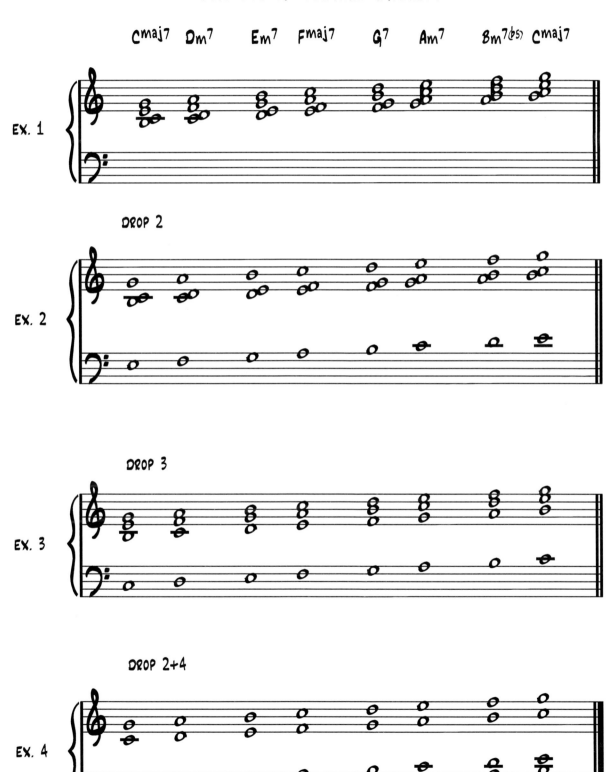

Drops e Inversões
Uso Prático

Estas progressões podem ser usadas nos seguintes acordes: G^{maj7} Em^7 $Cmaj7(\#11)$

Alternando os acordes Gmaj7 e Bmin7 nas posições drop 2

Ex. 1

Alternando as posições drop 2+4 e drop 2 no acorde de Gmaj 7

Ex. 2

Acordes de quartas da escala maior

Primeira posição

EX. 1

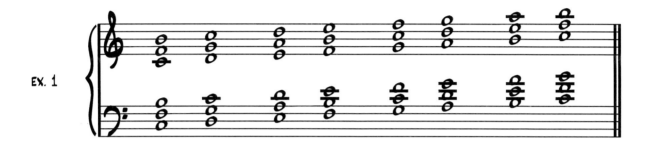

Segunda posição

EX. 2

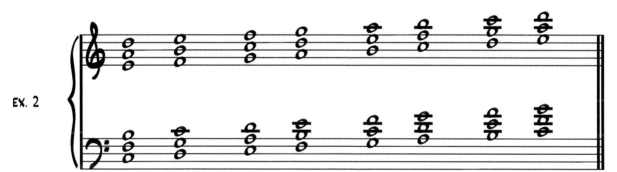

Terceira posição

EX. 3

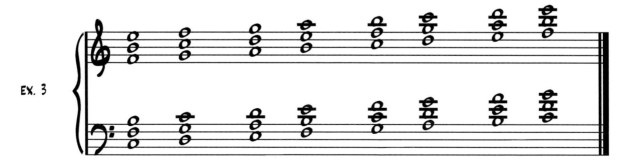

Cadências II-7, V7, Imaj7
Acordes com 4 notas

POSIÇÃO FUNDAMENTAL

Dm7   G7   Cmaj7

EX. 1

PRIMEIRA INVERSÃO

EX. 2

SEGUNDA INVERSÃO

EX. 3

TERCEIRA INVERSÃO

EX. 4

Cadências II-7, V7, Imaj7
Acordes com 5 notas

EX. 1 — POSIÇÃO FUNDAMENTAL
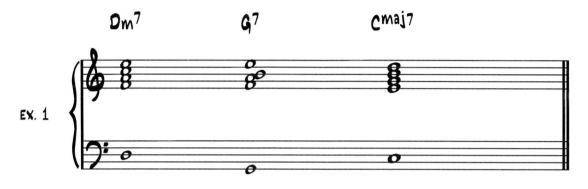

EX. 2 — PRIMEIRA INVERSÃO
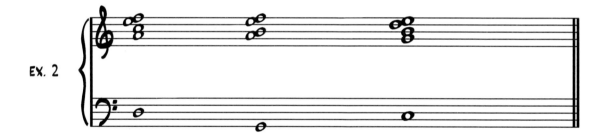

EX. 3 — SEGUNDA INVERSÃO
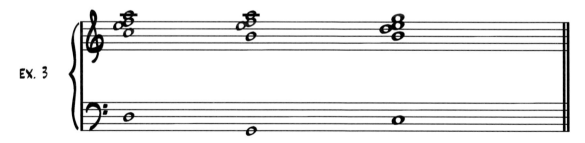

EX. 4 — TERCEIRA INVERSÃO
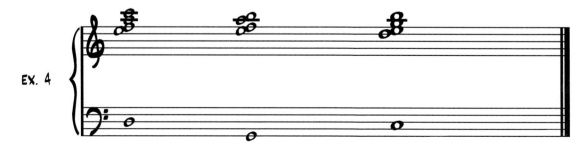

Acorde menor
Posição aberta e fechada

ACORDES DOMINANTES

EX. 1

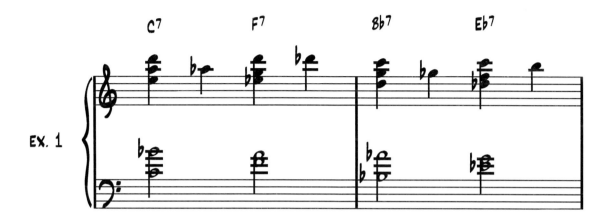

Acordes dominantes

Ex. 2

ACORDES DOMINANTES

EX. 3

Acordes II-7, V7

EX. 1

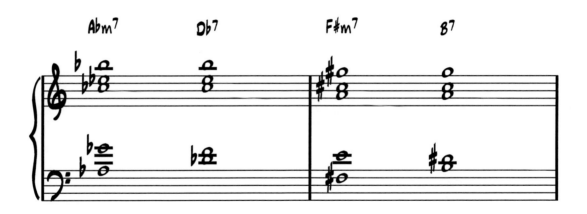

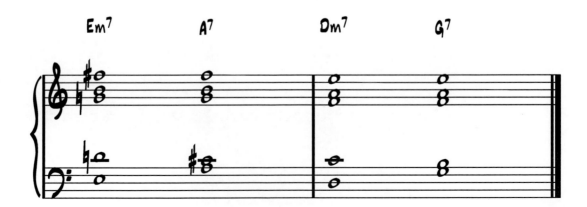

ACORDES II-7, V7

EX. 2

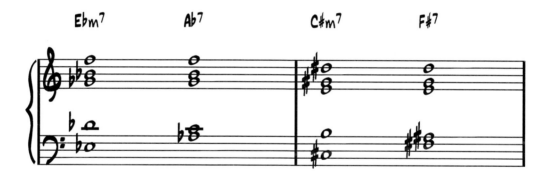

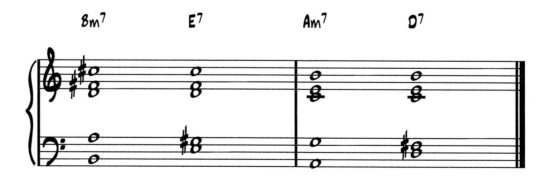

ACORDES II-7, V7

EX. 3

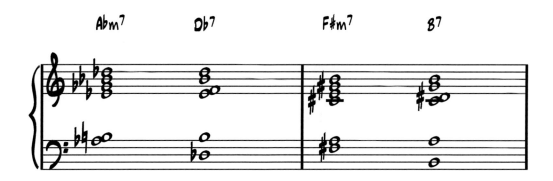

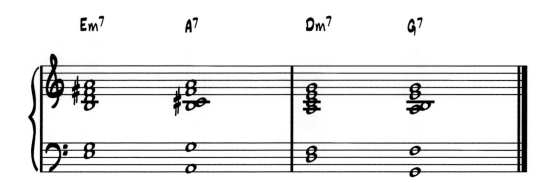

Acordes II-7, V7

EX. 4

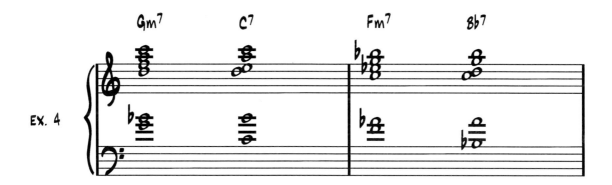

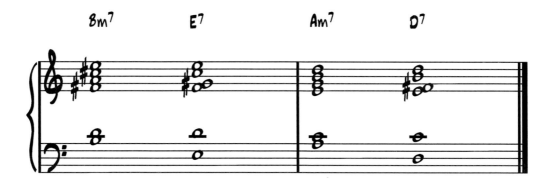

Acordes II-7, V7

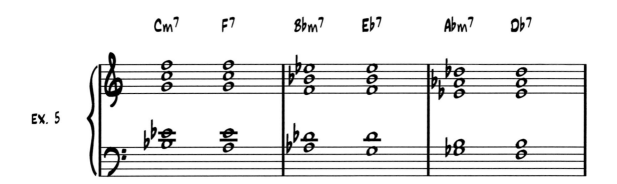

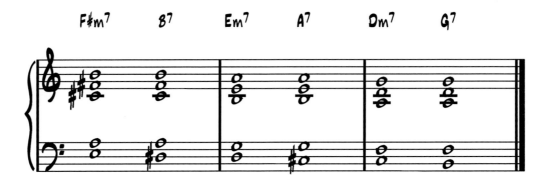

ACORDES II-7, V7

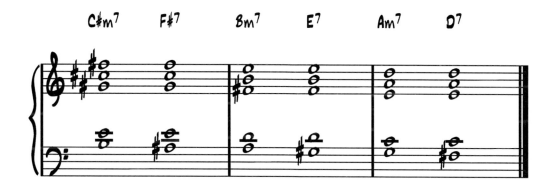

ACORDES II-7, V7, IMAJ7

EX. 5

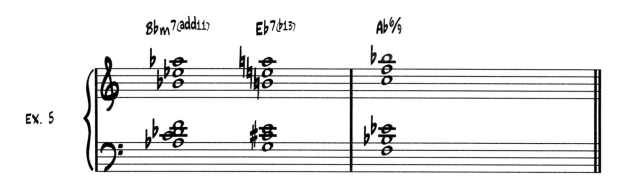

EX. 6

ACORDES MULTIFUNCIONAIS

ACORDES DOMINANTES

Acordes livres
da escala alterada

EX. 1

ACORDES
DA ESCALA DOMINANTE DIMINUTA

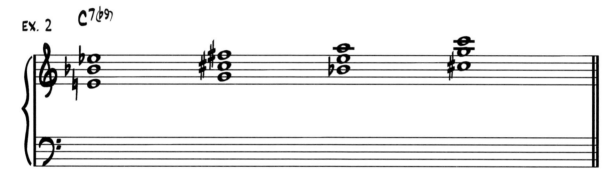

DOMINANTE DIMINUTA
ACORDES COMPLEXOS

ESTAS PROGRESSÕES PODEM SER USADAS NOS ACORDES DE: Eb7(b9) F#7(b9) A7(b9)

Acordes alternados
Escalas alterada e dominante diminuta

EX. 1

ESCALA DOMINANTE DIMINUTA

EX. 2

ALTERNANDO ACORDES DA ESCALA
ALTERADA COM ACORDES DA DOMINANTE DIMINUTA

OBS. - A TÉCNICA DE DOBRAR A NOTA MAIS
AGUDA DO ACORDE COM UMA OITAVA ABAIXO
CRIA UMA BOA DISSONÂNCIA

Acordes dominantes com estrutura de tríades
Escala dominante diminuta

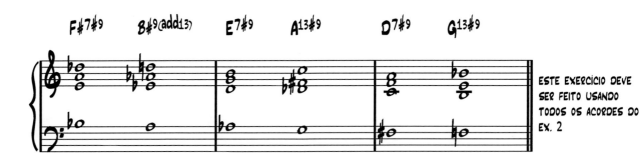

Este exercício deve ser feito usando todos os acordes do Ex. 2

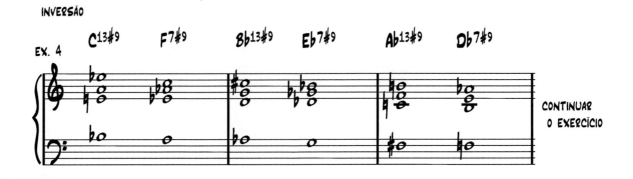

Continuar o exercício

Acordes da Pentatônica
Harmonizados em Quartas

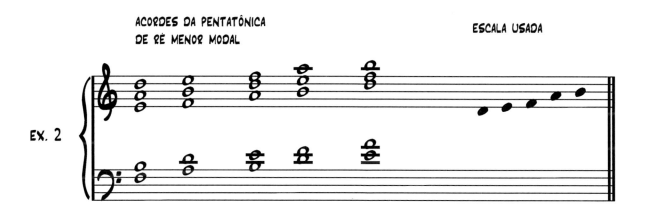

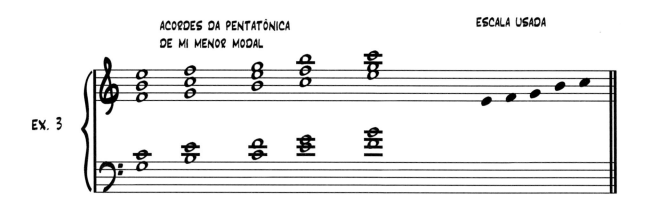

ACORDES DA PENTATÔNICA DE LÁ MENOR MODAL   **ESCALA USADA**

EX. 4

ACORDES DA PENTATÔNICA DE SI MENOR MODAL   **ESCALA USADA**

EX. 5

USO PRÁTICO: EM7, GMAJ7(#11)

EX. 6

OBS: ESTES ACORDES FORAM EXTRAÍDOS DA SEGUNDA E DA TERCEIRA ESCALAS PENTATÔNICAS MODAIS DE RÉ MAIOR.

Alternando acordes
de diferentes escalas pentatônicas

Alternando os acordes das escalas pentatônicas de dó e de sol maior, harmonizados com intervalos de quartas

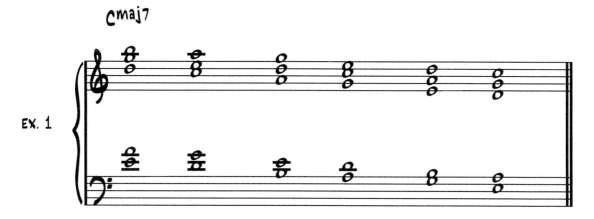

EX. 1

EX. 2

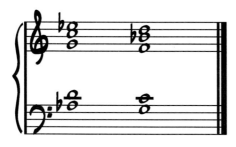

Alternando os acordes da sexta escala pentatônica modal de mi bemol maior com acordes da escala pentatônica de si bemol maior

ACORDES DA PENTATÔNICA MAIOR
HARMONIZADOS COM INTERVALOS DE QUINTAS

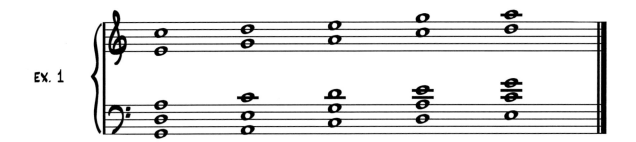

EX. 1

REGRA - ONDE NÃO SE AJUSTAR UM INTERVALO DE QUINTA USAR UM INTERVALO DE SEXTA

Acordes com estrutura de quintas
maior, menor

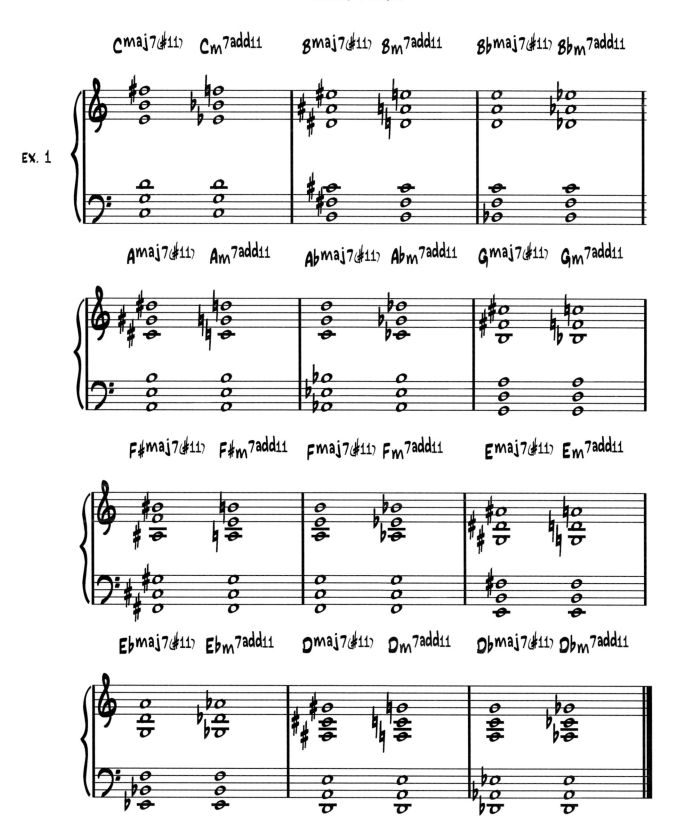

Escala menor melódica de jazz
Acordes das pentatônicas modais

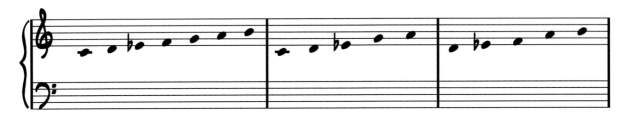

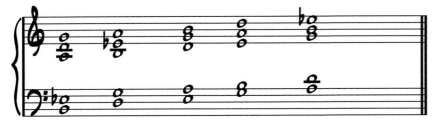

O terceiro e o quarto acordes podem ser usados no acorde de B7(#9)

No acorde E7(#9) podem-se alternar acordes da quinta escala pentatônica modal, da escala menor melódica de jazz, com acordes da escala dominante diminuta

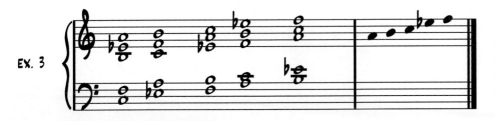

Esses acordes têm uma sonoridade tensa e enigmática que parece não se resolver dentro do modelo conceitual de tensão e resolução

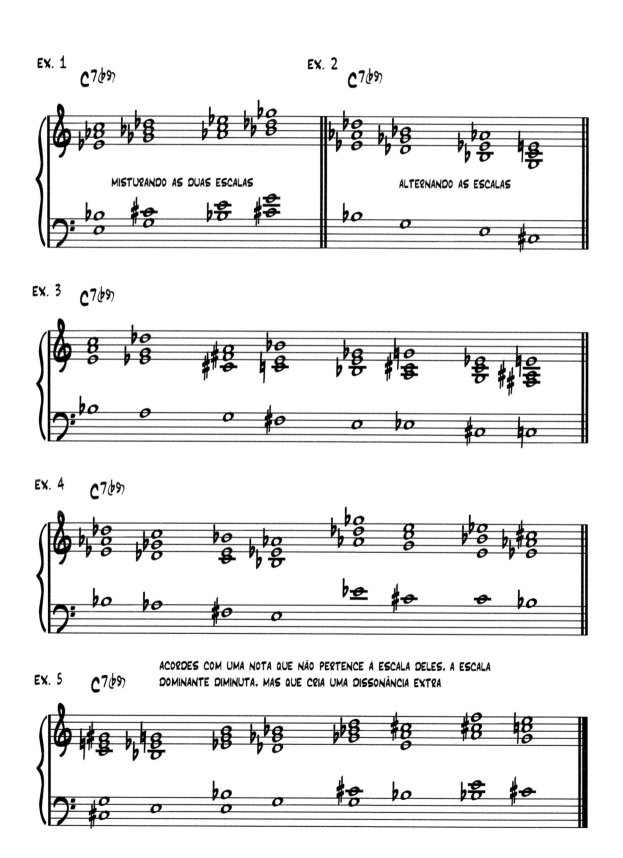

Acordes Alternados
Harmonizando a escala

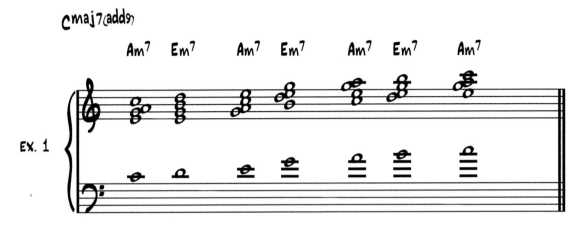

Ex. 1

Ao alternar os acordes Am7 e Em7 com inversões diferentes, harmoniza-se a escala de dó maior

Harmonizando a escala de bebop

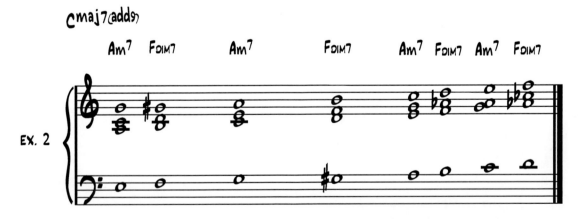

Ex. 2

Usam-se os acordes Am7 e Fdim7 (nesse caso, usando os acordes nas posições drop 2 para harmonizar a escala de bebop)

Escala de bebop

Acordes
Extras

Harmonizando as notas da escala do acorde

Exemplos isolados de acordes jazzísticos

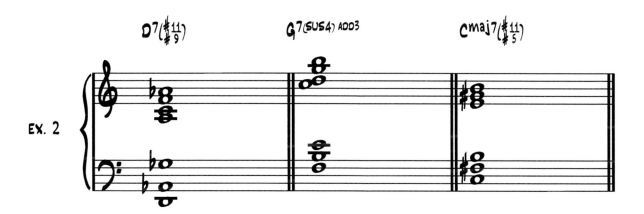

Acordes abertos

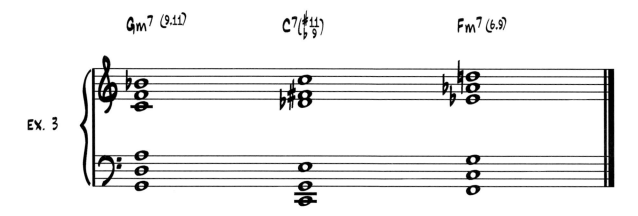

Acordes livres
sem classificação harmônica

EX. 1

OBS: APESAR DE ESSES ACORDES NÃO TEREM
CLASSIFICAÇÃO, ELES SOAM COMO
SE TIVESSEM RESOLUÇÃO HARMÔNICA

BIBLIOGRAFIA

O livro é de criação livre, mas os ensinamentos me foram transmitidos por várias pessoas ligadas ao piano e ao estilo de música de jazz. Meu pai, Hugo Lima, era pianista amador, autodidata e ensinou-me os primeiros acordes. Os ensinamentos principais do livro recebi de meus professores de piano na Berklee College of Music (USA), Jeff Covell e Dean Earl. Outros conhecimentos adquiri do professor particular americano de piano, Charlie Banacos (autor de livros informais de música). No Brasil, o pianista tunisino, radicado no Rio de Janeiro, Serge Scollo deu-me lições sobre os acordes de jazz, assim como o pianista americano Jeff Gardner, também radicado no Rio de Janeiro. Tive aulas de harmonia popular com o pianista Luís Eça, expoente do piano na bossa nova. Tive aulas com o trombonista e professor de arranjo, o americano Phil Wilson. O processo de extrair os acordes das escalas musicais foi-me ensinado em seu curso de arranjo, na Berklee College of Music, e é a base principal do desenvolvimento do livro. Alguns exercícios do livro são técnicas de arranjo, de distribuição de notas dos acordes. A tabela de escalas para improvisação é de autoria do professor de guitarra americano, Bret Willmott.

LIVROS DE APOIO

- Abrindo Caminhos - iniciação à história da música e sua relação com outras artes, *de Fernanda Negreiros, Gryphus Editora, Rio de Janeiro, 2000.*

- Strutural Functions of Harmony, *de Arnold Schoenberg - W.W.Norton Company Inc., New York, 1969.*

- Poetics of music in the form of six lessons, *de Igor Stravinsky - Harvard University Press, Boston, 1970.*

- Dicionário de música, *de Tomás Borba e Fernando Lopes Graça – Editora Cosmos, São Paulo, 1962.*

- Dave Brubeck Time Out: The Dave Brubeck Quartet, *de Dave Brubeck, Iola Brubeck and Paul Desmond – Alfred Music Publishing, Van Nuys, 1959.*

- Billy Taylor Piano Styles, *de Billy Taylor – Hal Leonard Books, Milwaukee, 2007.*

- Jazz Piano Book, *de Mark Levine – Sher Music, Petaluma, 1989.*

- The Shaping Forces in Music: An Inquiry into the Nature of Harmony, Melody, Counterpoint and Form, *de Ernst Toch – Dover Publications Inc., New York, 1977.*

- Basic Principles in Pianoforte Playing, *de Josef Lhevinne - Dover Publications Inc. , New York , 1972.*

- Piano Technique, *de Walter Gieseking e Karl Leimer - Dover Publications Inc., New York, 1972.*

- The Art Of Piano Playing (A Scientific Approach), *de George Kochevitsky – Alred Music Publishing, New York, 1996.*

- Pentatonic Scales for Jazz Improvisation, de Dave Baker – Alfred Music Publishing, New York, 1976.

- Bret Willmott complete book of harmony theory & voicing, de Bret Willmott – Mel Bay Publications, Pacific, 1994.

- Thesaurus of Scales and Melodic Patterns, de Nicolas Slonimsky – Schirmer Books, New York, 1947.

Este livro foi composto na tipologia Segoe Print,
e impresso pela Gráfica Singular Digital, em papel offset 120g/m²
e a capa em papel cartão supremo 250g/m².